Male für jede Seite, die du bearbeitet hast, einen Stern aus!

Viel Freude!

Dieses Sternchenheft gehört:

Vorname _____

Nachname _____

Straße _____

Hausnummer _____

Ort/Stadt _____

Geburtstag _____

Ich bin _____ Jahre alt.

Meine Schule heißt _____ .

Meine Klassenlehrerin / Mein Klassenlehrer heißt

_____ .

Meine Schulleiterin / Mein Schulleiter heißt

_____ .

Wir sind _____ Kinder in der Klasse.

Meine Hobbys sind _____ .

Datum von heute _____

... und so sehen meine Familie und ich aus!

Benni Basket

Das ist Benni Basket, der beste Basketballspieler.

☐ Er trägt eine rote Cap auf dem Kopf.

☐ Benni hat braune Haare.

☐ Seine Sporthose ist dunkelblau.

☐ Er prellt seinen orangefarbenen Basketball.

☐ An der Hauswand hängt ein Basketballkorb.

☐ Er trägt gelbe Turnschuhe.

☐ Die Turnschuhe haben Schnürsenkel mit einer Schleife.

☐ Sein T-Shirt ist grün. Sein Name steht darauf.

☐ Die Sonne scheint.

☐ Sein Hund Bonni schaut ihm zu.

☐ Bonni hat ein Halsband. Benni hält ihn an einer Leine.

Hast du schon einmal in einen Basketballkorb geworfen? ☐ ja ☐ nein

Auf dem Schulweg

Die Brüder Leander und Lasse kommen aus dem Haus. Es ist schon hell. Die Sonne scheint. Beide Kinder tragen ihre Schultaschen und ihre Sportbeutel. An der Ampel warten sie. Es ist rot. Viele Autos fahren auf der Straße.
Nun ist die Ampel grün. Leander und Lasse
überqueren die Straße. An der Schule angekommen,
rennen sie in die Turnhalle. In der Pause essen
sie frisches Obst und Gemüse.

**Beantworte nun die Fragen zu der kleinen
Geschichte mit „ja" oder „nein"!**

Es regnet. ☐ ja ☐ nein

Es ist schon hell. ☐ ja ☐ nein

Leander und Lasse sind Brüder. ☐ ja ☐ nein

Sie tragen nur ihre Sportbeutel. ☐ ja ☐ nein

Auf der Straße ist wenig Verkehr. ☐ ja ☐ nein

Leander und Lasse
gehen bei Rot über die Straße. ☐ ja ☐ nein

Sie rennen ins Klassenzimmer. ☐ ja ☐ nein

In der Pause essen sie nur Süßigkeiten. ☐ ja ☐ nein

Wie kommst du in die Schule?

☐ mit dem Fahrrad ☐ zu Fuß ☐ mit dem Bus ☐ mit dem Auto

Schreibe passende Wörter in die Lücken!

Eine Giraffe hat einen langen _____.

In der Nacht scheint der _____.

In den Ferien gehe ich nicht in die _____.

Kleine Schweine heißen _____.

Der Vater meines Vaters ist mein _____.

Im Winter baue ich einen _____.

Schneewittchen und die sieben _____.

Ich habe fünf Finger an einer _____.

Ein Esel hat lange _____.

Rehe und Wildschweine leben im _____.

Zu meinem Geburtstag bekomme ich viele _____.

Nachts schlafe ich in meinem _____.

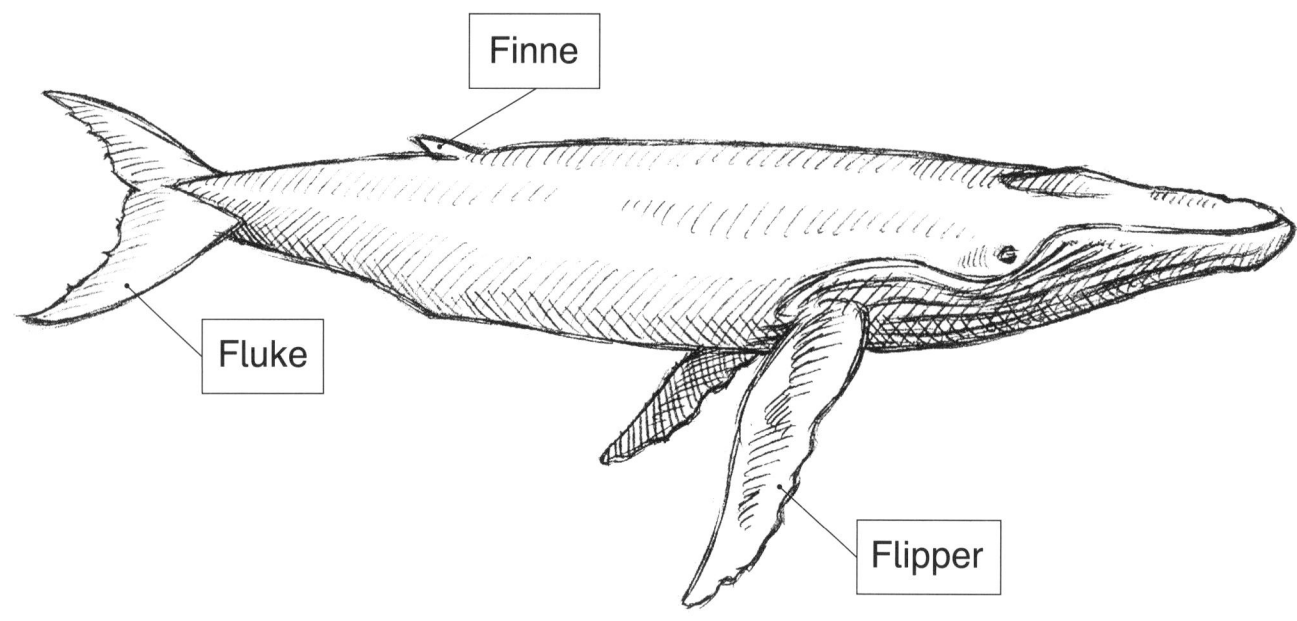

Finne

Fluke

Flipper

Wale

Das größte Tier, das es gibt, ist der Wal. Wale leben im Meer. Sie sind aber keine Fische. Sie sind Säugetiere, denn sie gebären Junge. Die Jungen saugen bei der Mutter Milch. Wale können lange tauchen. Zum Luftholen müssen sie aber wieder auftauchen. Wale haben verschiedene Flossen.

Die Schwanzflosse heißt _____.

Die Rückenflosse nennt man _____

und die Brustflossen _____.

Man unterscheidet Bartenwale und Zahnwale. Bartenwale haben Barten. Statt Zähne haben diese Wale Hornplatten im Maul. Mit den Barten siebt der Wal seine Nahrung aus dem Wasser. Dazu lässt er einfach Wasser in sein Maul hineinlaufen. An den Barten bleiben kleine Lebewesen hängen, die der Wal dann frisst.
Es gibt aber auch Wale mit Zähnen, die Zahnwale. Sie fressen auch große Tiere, wie Seerobben oder Pinguine.
Der größte Wal ist der Blauwal. Er kann bis zu 32 Meter lang werden.
Leider wurden und werden viele Wale durch den Menschen getötet. Viele Arten sind vom Aussterben bedroht.
Manchmal stranden Wale, das heißt, sie schwimmen an den Strand und können dort nicht überleben und müssen sterben. Bis heute weiß man nicht genau, warum Wale dies tun.

Beantworte nun die Fragen zum Text!

Wale sind ☐ Säugetiere. ☐ Fische.

Wale sind die größten Tiere auf der Erde. ☐ ja ☐ nein

Wale legen Eier. ☐ ja ☐ nein

Wale müssen zum Atmen auftauchen. ☐ ja ☐ nein

Der größte Wal ist der ☐ Delfin. ☐ Blauwal.

Bartenwale haben ☐ Barten. ☐ Zähne.

Der Blauwal hat eine Länge von ☐ 16 Meter. ☐ 32 Meter.

Manche Walarten sind vom Aussterben bedroht. ☐ ja ☐ nein

Hast du schon einmal einen Wal gesehen? ☐ ja ☐ nein

Male das Bild zu Ende! Was denkst du, könnte hier fehlen?

Der Vampir Valentin

Das ist Valentin, der kleine Vampir. Nachts im Mondschein fliegt er über die Häuser. Seine gelb-weiß gestreifte Hose leuchtet. Auf seinem Umhang sind viele kleine Sterne. Damit seine Ohren nicht frieren, trägt er eine dunkelblaue Pudelmütze. Sein T-Shirt ist schwarz. Valentin sucht jemanden, mit dem er über die Stadt fliegen kann.

Wen könnte er treffen?

_____

Das Nest

Luise und Lasse gehen spazieren. Luise hält ihr Springseil in der Hand.

Lasse lässt seinen Drachen steigen. Auf einem Baum entdecken sie

ein Vogelnest. Sie beobachten, wie eine Amselmutter ihre Jungen füttert.

Sie hat einen Wurm im Schnabel. Vor Lasses Füßen liegt eine Feder.

Ob diese wohl der Amsel gehört?

Zu welcher Jahreszeit brüten die meisten Vögel?

☐ Frühjahr ☐ Sommer ☐ Herbst ☐ Winter

Darf man Vögel beim Brüten stören? ☐ ja ☐ nein

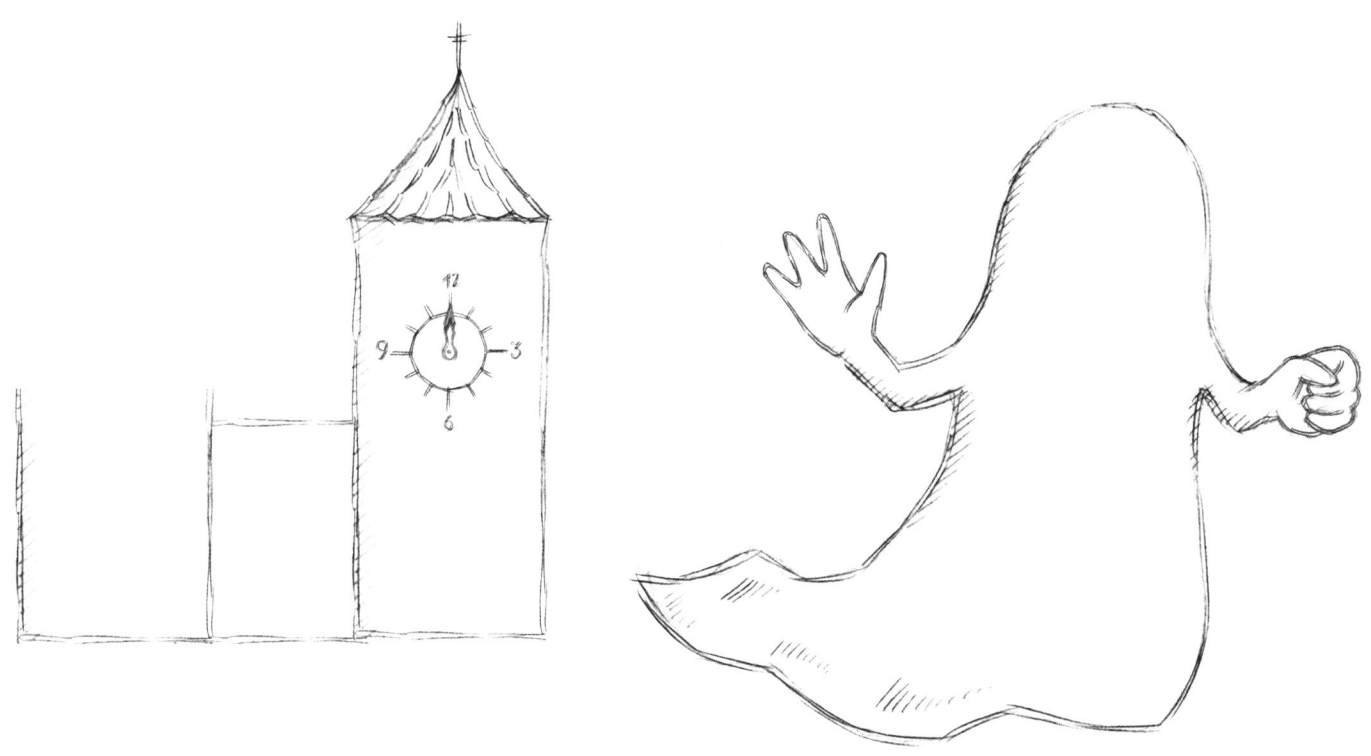

Das Schlossgespenst

Das ist Luna. Luna ist ein freches Schlossgespenst mit zwei Augen, einer Nase und einem großen Mund mit schiefen Zähnen. In ihrer linken Hand trägt sie eine Kette mit einem Schloss. Luna wohnt auf einer Burg mit zwei Türmen. Um Mitternacht spukt sie herum. Sie jagt den Burgbesitzern Angst und Schrecken ein, indem sie mit ihrer Kette rasselt.

Beantworte nun die Fragen zu dem Text!

Luna ist ein _____ .

In welcher Hand hält Luna ihre Kette?   _____

Wie viele Türme hat die Burg?   _____

Was macht Luna, um die Burgbesitzer zu erschrecken?

_____

Der Pflaumenbaum

Das ist ein alter Pflaumen-baum. An diesem Baum hängen acht reife Pflaumen.

Da kommt Dana mit einer großen Leiter. Die Leiter hat zehn Sprossen.

Ihre Schwester Sina hält einen Korb in ihrer Hand. Sie wollen die ersten Pflaumen pflücken.

Dana steigt auf die Leiter.

Plötzlich fällt die Leiter um.

Was passiert nun?

_____

_____

_____

Hokus Pokus

Es ist Mitternacht. Die Turmuhr zeigt 12 Uhr. Heute ist Walpurgisnacht.
Zwei junge Hexen treffen sich am Feuer. Über dem Feuer hängt ein
Kessel an drei Eisenketten.
In den Kessel werfen sie diese Buchstaben: S O H K U S U P K O.

Was kann es wohl bedeuten? _____

Es blitzt dreimal und aus der Gewitterwolke fällt Regen. Die Hexe
mit dem roten Hut hält ein Zauberbuch in der Hand. Die Hexe mit dem
schwarzen Hut sitzt auf ihrem Hexenbesen.

Was könnten die beiden Hexen zaubern? _____

Lustige Leseübungen

Mein bester Freund heißt Tomatensalat. ☐ richtig ☐ falsch

Ich putze meine Zähne mit Ketchup. ☐ richtig ☐ falsch

Im Dezember kommt der Osterhase. ☐ richtig ☐ falsch

Die Sonne scheint in der Nacht. ☐ richtig ☐ falsch

Meine Hausaufgaben mache ich auf der Toilette. ☐ richtig ☐ falsch

Ich komme gern zu spät zur Schule. ☐ richtig ☐ falsch

Im Sommer gehe ich baden. ☐ richtig ☐ falsch

Spaghetti isst man am besten mit den Fingern. ☐ richtig ☐ falsch

Meine Lehrerin hat grüne Haare. ☐ richtig ☐ falsch

Die Giraffe hat einen sehr kurzen Hals. ☐ richtig ☐ falsch

In der Schule gibt es nur Pausen. ☐ richtig ☐ falsch

Ich habe meine Eltern lieb. ☐ richtig ☐ falsch

Mein Haustier ist ein Dinosaurier. ☐ richtig ☐ falsch

Nun denke du dir einen lustigen Satz aus!

_____

Das muss ich wissen

Unser Planet Erde besteht aus sieben
Kontinenten. Diese heißen:

1. Afrika

2. Antarktika

3. Asien

4. Australien

5. Europa

6. Nordamerika

7. Südamerika

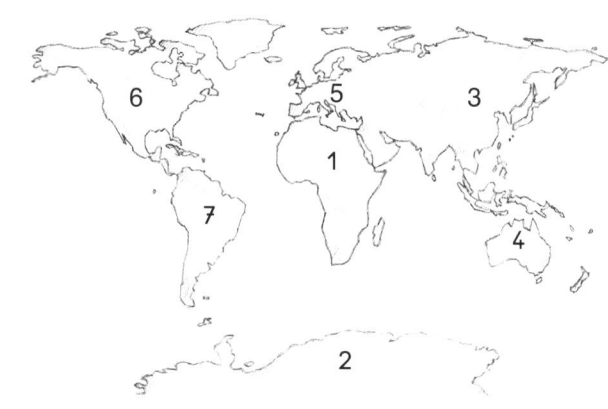

Deutschland liegt in Europa.

☐ **Suche Deutschland
und male es an!**

Die Hauptstadt von Deutschland heißt Berlin.

In welcher Stadt/welchem Ort lebst du? _____

Die Farben der Deutschlandfahne
sind von oben nach unten:
Schwarz, Rot und Gold.

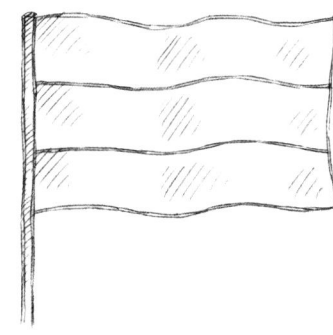

☐ **Male die Fahne an!**

Die Bundesrepublik Deutschland hat auch ein Wappen, an dem man das Land erkennen kann. Auf dem Wappen sieht man einen schwarzen Adler mit rotem Schnabel und roten Krallen. Der Hintergrund ist goldgelb.

☐ **Male nun das Deutschlandwappen in den richtigen Farben an!**

Deutschland besteht aus 16 Bundesländern. Lies die Namen der Bundesländer genau! Weißt du schon, in welchem Bundesland du wohnst?

☐ **Male dein Bundesland an!**

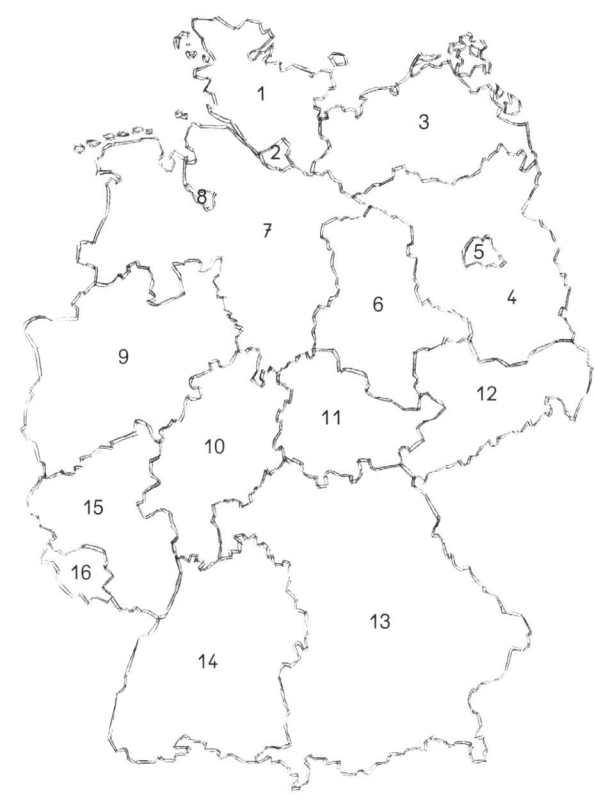

1. Schleswig-Holstein
2. Hamburg
3. Mecklenburg-Vorpommern
4. Brandenburg
5. Berlin
6. Sachsen-Anhalt
7. Niedersachsen
8. Bremen
9. Nordrhein-Westfalen
10. Hessen
11. Thüringen
12. Sachsen
13. Bayern
14. Baden-Württemberg
15. Rheinland-Pfalz
16. Saarland

Durch Deutschland fließen viele Flüsse.
Schreibe einen oder mehrere Flüsse auf, die durch deinen Heimatort fließen oder die du kennst!

_____

Kennst du auch große Städte in Deutschland?

_____

Der Igel

Der Igel lebt in Hecken, Gärten, Parks und Wäldern. Am Tag schläft der Igel.
Nachts wird er munter und geht auf Futtersuche. Igel fressen Würmer, Schnecken,
Käfer und andere Insekten. Der Igel besitzt Stacheln, um sich vor seinen Feinden
zu schützen. Sein Bauch und sein Gesicht sind mit braunem Fell bedeckt.
Ein Igel kann sehr gut hören, aber nicht so gut sehen. Er kann nur hell und dunkel
voneinander unterscheiden. Mit seiner Nase kann er sehr gut riechen. Der Igel
besitzt 36 Zähne. Damit fängt und zerkleinert er seine Nahrung. Igel sind Säugetiere.
Sie bringen einmal im Jahr etwa fünf Junge zur Welt. Im Winter hält der Igel
Winterschlaf. Bei Gefahr rollt er sich ein. Seine Feinde sind Füchse und Marder.
Leider werden viele Igel von Autos überfahren.

Beschrifte nun den Igel!

| Schnauze | Auge | Ohr | Tasthaare | Fuß | Fell | Stacheln |

☐ **Male dem Igel viele Stacheln und sein Fell braun an!**

Beantworte die Fragen zum Text!

Igel sind

☐ Säugetiere.   ☐ legen Eier.

Was kann der Igel sehen?

☐ Hell und dunkel   ☐ Grün und rot   ☐ Er ist blind.

Was macht der Igel bei Gefahr?

☐ Er rennt weg.   ☐ Er rollt sich ein.

Igel fressen

☐ Vögel.   ☐ Insekten.

Was frisst er noch? _____

Was macht der Igel im Winter?

☐ Er geht auf Futtersuche.   ☐ Er hält Winterschlaf.

Igel haben

☐ 16 Zähne.   ☐ 36 Zähne.   ☐ 56 Zähne.

Wie oft bringen Igel Junge zur Welt?

☐ einmal im Monat   ☐ einmal im Jahr   ☐ dreimal im Jahr

Viele Igel

☐ sterben im Straßenverkehr.   ☐ leben im Straßenverkehr.

Vulkane

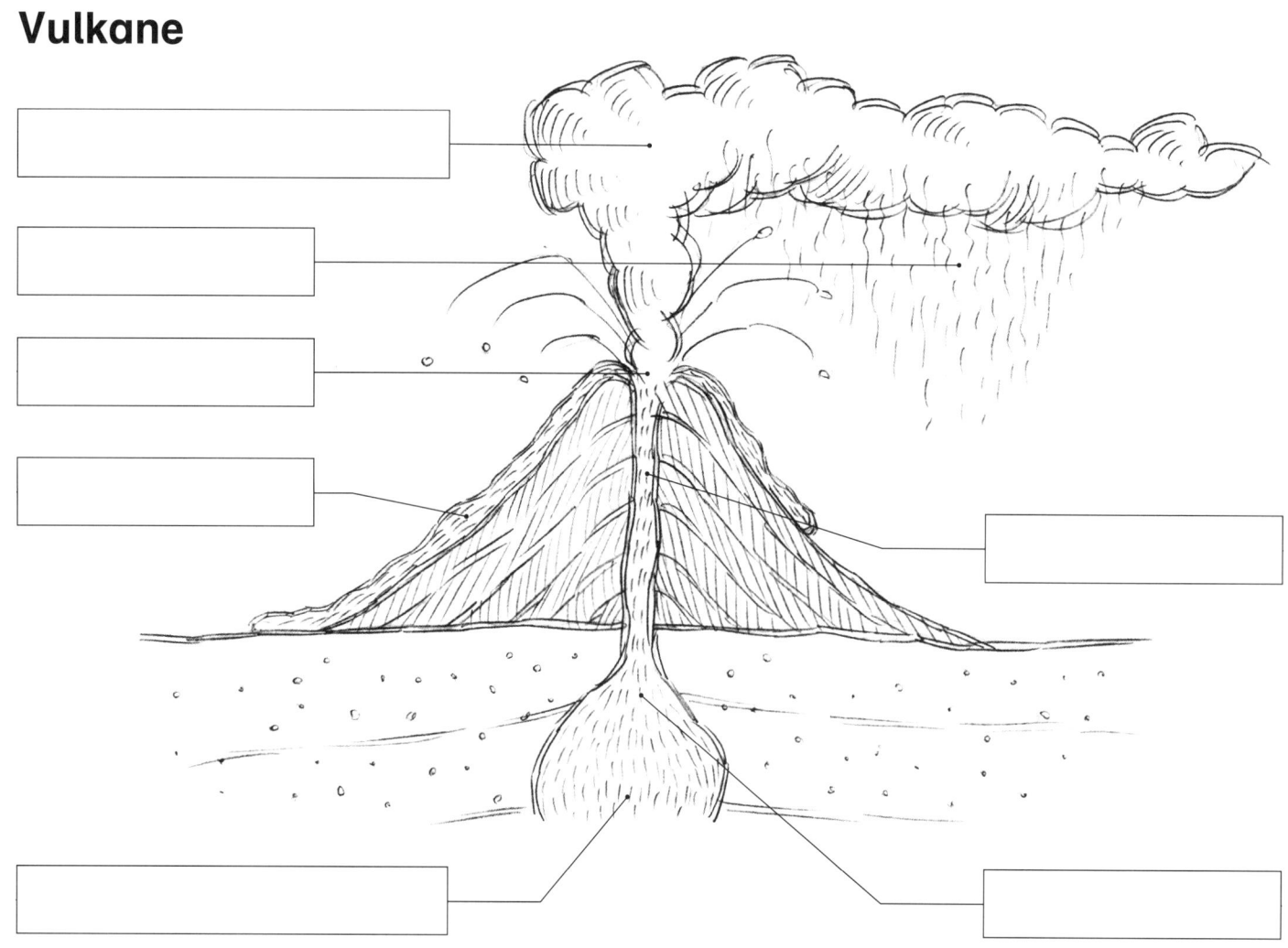

Vulkane sind Berge, aus deren Inneren geschmolzenes Gestein entweichen kann.
Diesen Vorgang nennt man Vulkanausbruch. Es gibt auf unseren Kontinenten
mehr als 1500 aktive Vulkane. Auch im Meer gibt es Vulkane. Viele Inseln sind durch
Vulkanausbrüche entstanden. Wenn ein Vulkan ausbricht, treten unvorstellbare
Kräfte aus dem Erdinneren hervor. Glühende Gesteinsbrocken, Glut und Asche
werden kilometerweit in den Himmel geschleudert. Glühende Lava tritt aus und fließt
wie zäher Brei den Berg hinunter und erstarrt dann. Die Lava kommt aus dem Inneren
des Vulkans. Dort nennt man sie Magma. Kommt es zu einem Vulkanausbruch,
tritt das Magma aus der Magmakammer über einen Schlot an der Erdoberfläche
aus. Die entstandene Öffnung nennt man Krater. Über dem Krater bilden sich riesige
Rauchwolken, so dass man den Vulkanausbruch auch aus sehr weiter Entfernung
noch sehen kann.

Beschrifte nun die Zeichnung eines Vulkanausbruchs mit folgenden Begriffen:

Krater   Lava   Magma   Magmakammer   Rauchwolke   Asche   Schlot

Einmaleins-Tafel

·	1	2	3	4	5	6	7	8	9	10
1										
2										
3										
4										
5										
6										
7										
8										
9										
10										

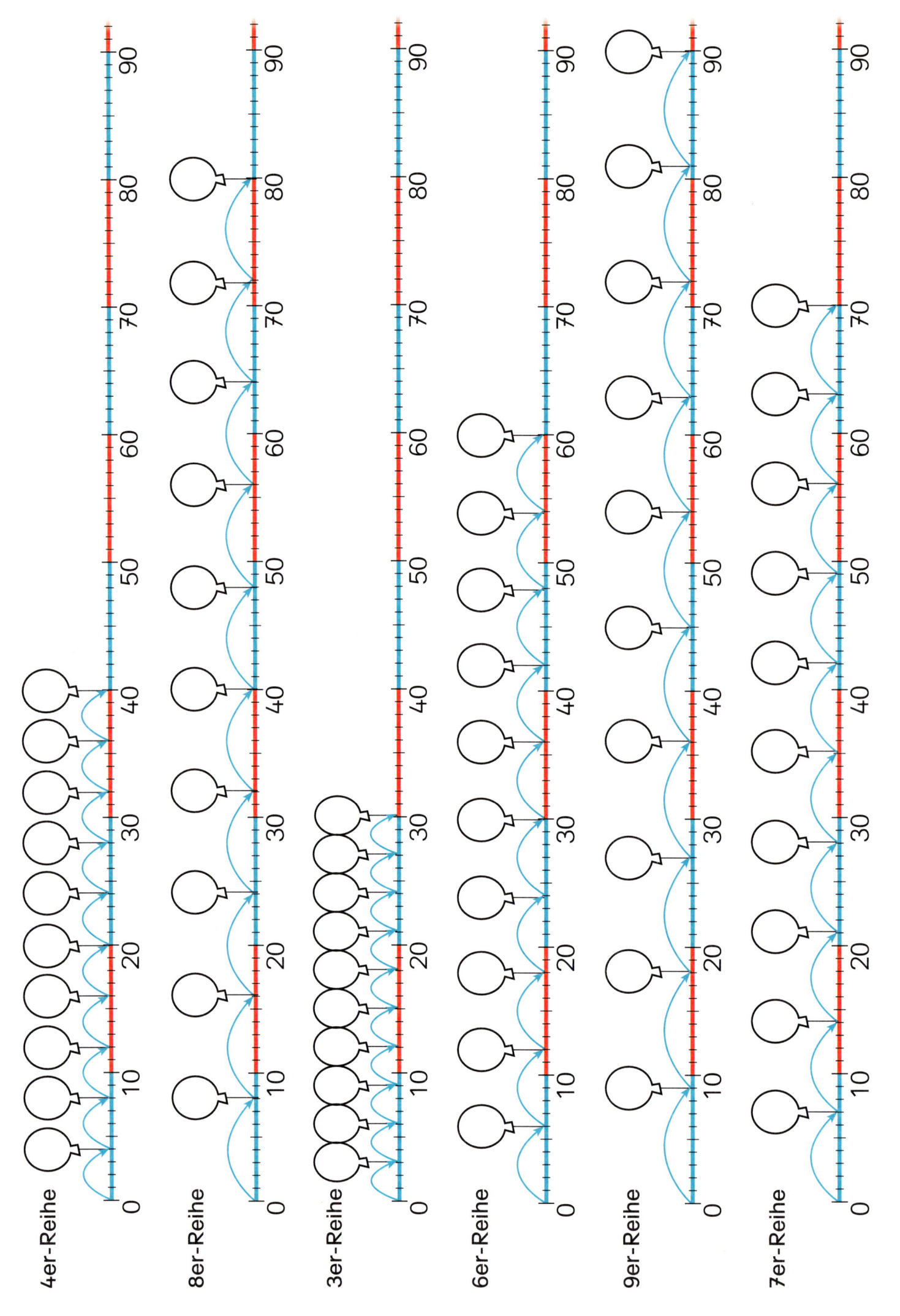

4er-Reihe

8er-Reihe

3er-Reihe

6er-Reihe

9er-Reihe

7er-Reihe

Regenschirme

Kleines Mal-Gedicht von Vera Ferra-Mikura

Wenn die ersten Tropfen fallen,
lustig auf das Pflaster knallen,
blühen sie wie Blumen auf.
Bunt gestreifte, bunt gefleckte,
bunt getupfte, bunt gescheckte
nehmen fröhlich ihren Lauf.
Seit die ersten Tropfen fielen,
schweben sie auf dünnen Stielen,
leuchtend, schimmernd, rund und glatt.
Bunt gestreifte, bunt gefleckte,
bunt getupfte, bunt gescheckte
Schirme blühen in der Stadt.

Kannst du passend zu dem Gedicht malen?

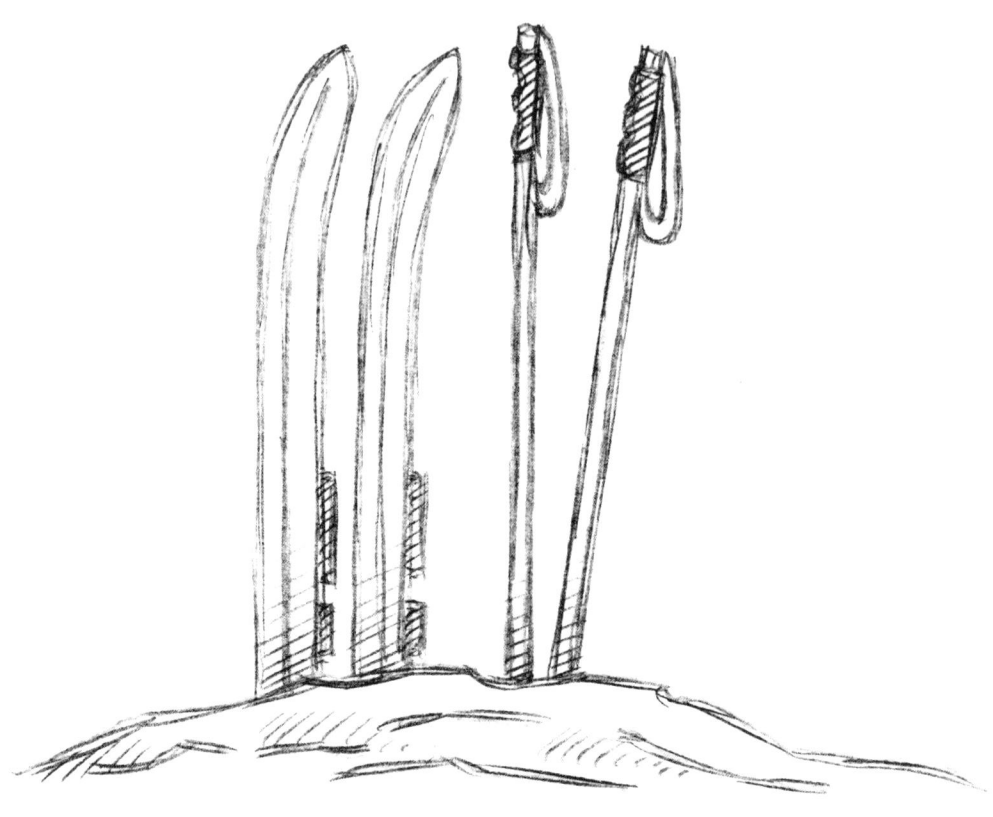

Im Skiurlaub

In den Weihnachtsferien fahren Luise und Lasse in den Skiurlaub
nach Österreich. Sie müssen acht Stunden im Auto sitzen.
Nach vier Stunden machen sie eine Pause auf einem großen Spielplatz.
Lasse rennt zur Schaukel, Luise geht rutschen. Nach einer Weile ruft
ihre Mutter zum Essen. Es gibt frisches Obst und Gemüse.
Sie trinken noch eine Apfelschorle. Als sie zum Auto zurückkehren,
fällt Luise hin. Ihr Knie blutet. Luise weint. Der Vater holt ein Pflaster
aus dem Auto. Luise ist tapfer. Dann fahren sie weiter.
Luise und Lasse lernen schnell, Ski zu laufen. Es macht großen Spaß.
Jeden Tag besuchen sie die Skischule. Am letzten Tag findet ein
Skirennen statt, an dem die beiden teilnehmen. Was für eine Freude!
Lasse belegt den ersten Platz und Luise den zweiten Platz.

Kreuze an!

Luise und Lasse fahren

☐ in den Skiurlaub nach Italien.
☐ in den Sommerurlaub an die Ostsee.
☐ in den Skiurlaub nach Österreich.

Die Fahrt dauert insgesamt

☐ sechs Stunden.
☐ acht Stunden.
☐ sieben Stunden.

Nach vier Stunden machen sie Pause

☐ im Wald.
☐ in einem Park.
☐ auf einem Spielplatz.

Sie essen

☐ frischen Fisch.
☐ Butterbrote.
☐ frisches Obst und Gemüse.

Luise verletzt sich

☐ am Knie.
☐ am Ellenbogen.
☐ im Gesicht.

Sie bekommt

☐ einen Verband.
☐ ein Pflaster.
☐ einen Gips.

Beim Skirennen belegen sie

☐ den ersten und dritten Platz.
☐ den zweiten und dritten Platz.
☐ den ersten und zweiten Platz.

Die Katze

Es ist Sommer. Melina und Lovis sind mit ihren Fahrrädern unterwegs.
Sie fahren vorsichtig auf dem Bürgersteig. Beide Kinder tragen ihre Helme.
Plötzlich muss Melina einer kleinen Katze ausweichen und stürzt.
Dabei hat sie sich das Bein gebrochen und muss nun eine Woche im
Krankenhaus bleiben. Sie langweilt sich nicht, denn sie hat viele Freunde,
die sie besuchen oder ihr einen Brief schreiben.

☐ **Male die Bilder an!**

Stelle dir vor, du bist ein Freund oder eine Freundin von Melina!
Schreibe ihr einen Brief!

Liebe Melina,

_____

_____

_____

_____

_____

_____

_____

_____

Deine / Dein _____

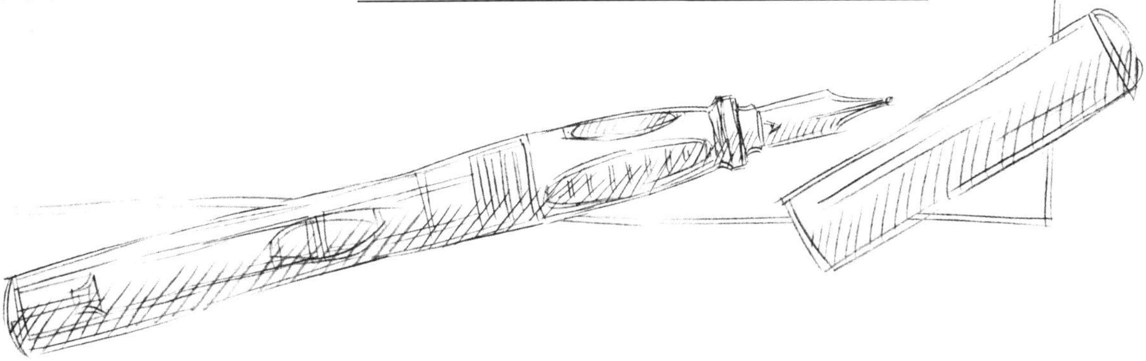

KUNTERBUNT

NACHBARSHUNDHEIßT

FÜNFFERKELFRESSENFRISCHESFUTTER

DIEKATZETRITTDIETREPPEKRUMM

HÄSCHENHOPPELHOPPELTHINTERMHÜHNCHENHER

FISCHERSFRITZFISCHTFRISCHEFISCHE

Zungenbrecher

Die Hexen Zaxana und Akasa sitzen wieder am Hexenfeuer. Da beginnt Zaxana einen Zungenbrecher zu sprechen.

Plötzlich steigt aus dem Hexenkessel Rauch auf. Schnell wünscht sich Akasa auch eine Idee für einen Zungenbrecher. Und siehe da, viele Zungenbrecher kommen aus dem Hexenkessel! Akasa muss nur noch die Wörter durch Striche trennen. Das fällt ihr aber schwer. Kannst du Akasa helfen?

☐ **Male das Bild an!**

Schreibe alle Zungenbrecher mit Wortlücke auf!

Nachbars Hund heißt

29

Lerne einen Zungenbrecher auswendig!

Der Farbtopf

Das ist Mona, die kleine, bunte Schildkröte. Mona hat es nie eilig.
Langsam, sehr langsam läuft sie einen Weg entlang. Sie kommt an
einer roten Blume vorbei. Über ihr fliegt ein bunter Schmetterling.
Da trifft sie Felix, ihren Freund. Felix ist auch eine Schildkröte. Doch
was ist das? Felix ist ganz schwarz! Er ist in einen Farbtopf voller
schwarzer Farbe gefallen. Felix lacht. Mona lacht auch. Dann nimmt
Mona einen langen Besen und macht Felix wieder sauber.

Hast du schon einmal eine Schildkröte angefasst? ☐ ja ☐ nein

Gegensätze

Dunkel war's, der Mond schien helle,
schneebedeckt die grüne Flur.
Als ein Wagen blitzeschnelle
langsam um die Ecke fuhr.

Drinnen saßen stehend Leute,
schweigend ins Gespräch vertieft,
als ein totgeschossener Hase
auf der Sandbank Schlittschuh lief.

Und auf einer roten Bank,
die blau angestrichen war,
saß ein blondgelockter Knabe
mit kohlrabenschwarzem Haar.

Neben ihm 'ne alte Schrulle,
zählte kaum erst sechzehn Jahr,
in der Hand 'ne Butterstulle,
die mit Schmalz bestrichen war.

dunkel	helle
schneebedeckt	grüne Flur

Schreibe die Strophe ab, die dir am besten gefällt! Kannst du etwas dazu malen?

Abzählreime

Eine kleine Haselmaus
zog sich mal die Hose aus,
zog sie wieder an,
und du bist dran.

☐ Kenne ich ☐ Kenne ich nicht

Eins, zwei, drei, vier, fünf,
der Storch hat keine Strümpf,
der Frosch hat kein Haus,
und du musst raus!

☐ Kenne ich ☐ Kenne ich nicht

Eins, zwei, drei,
im Wasser schwimmt ein Hai,
im Urwald liegen Schlangen,
und du musst fangen!

☐ Kenne ich ☐ Kenne ich nicht

Ritze, ratze, ritze, ratze
Was macht heut' die Miezekatze?
Die Mieze bäckt uns Kuchen,
und du musst suchen!

☐ Kenne ich ☐ Kenne ich nicht

Hexe Minka, Kater Pinka, Vogel Fu,
und raus bist du!

☐ Kenne ich ☐ Kenne ich nicht

☐ **Male die Bilder an!**

Suche dir einen Abzählreim aus und schreibe ihn hier auf!
☐ **Lerne ihn auswendig!**

_____

_____

_____

_____

32

Die Klassenfahrt

Die Klasse 2c macht eine Klassenfahrt nach Berlin an den Wannsee. Gleich am ersten Tag gehen die Kinder baden. Alle haben sich mit Sonnencreme eingerieben. Dann machen sie eine Wasserschlacht. Die Lehrerin spielt auch mit. Am Abend macht die Klasse eine Nachtwanderung. Alle Kinder leuchten mit ihren Taschenlampen. Plötzlich kommt ein lautes Heulen aus dem Wald. Die Lehrerin hat am meisten Angst. Als sie sehen, dass ein Vater die Geräusche gemacht hat, müssen alle lachen.

Beantworte nun die Fragen zu dem Text!
Schreibe Sätze!

Wohin fährt die Klasse 2c?

_____

Was tun alle Kinder, bevor sie baden gehen?

_____

Wer spielt bei der Wasserschlacht auch mit?

_____

Was machen die Kinder am Abend?

_____

Was haben alle Kinder dabei?

_____

Wer hat am meisten Angst gehabt?

_____

Wer hat alle erschreckt?

_____

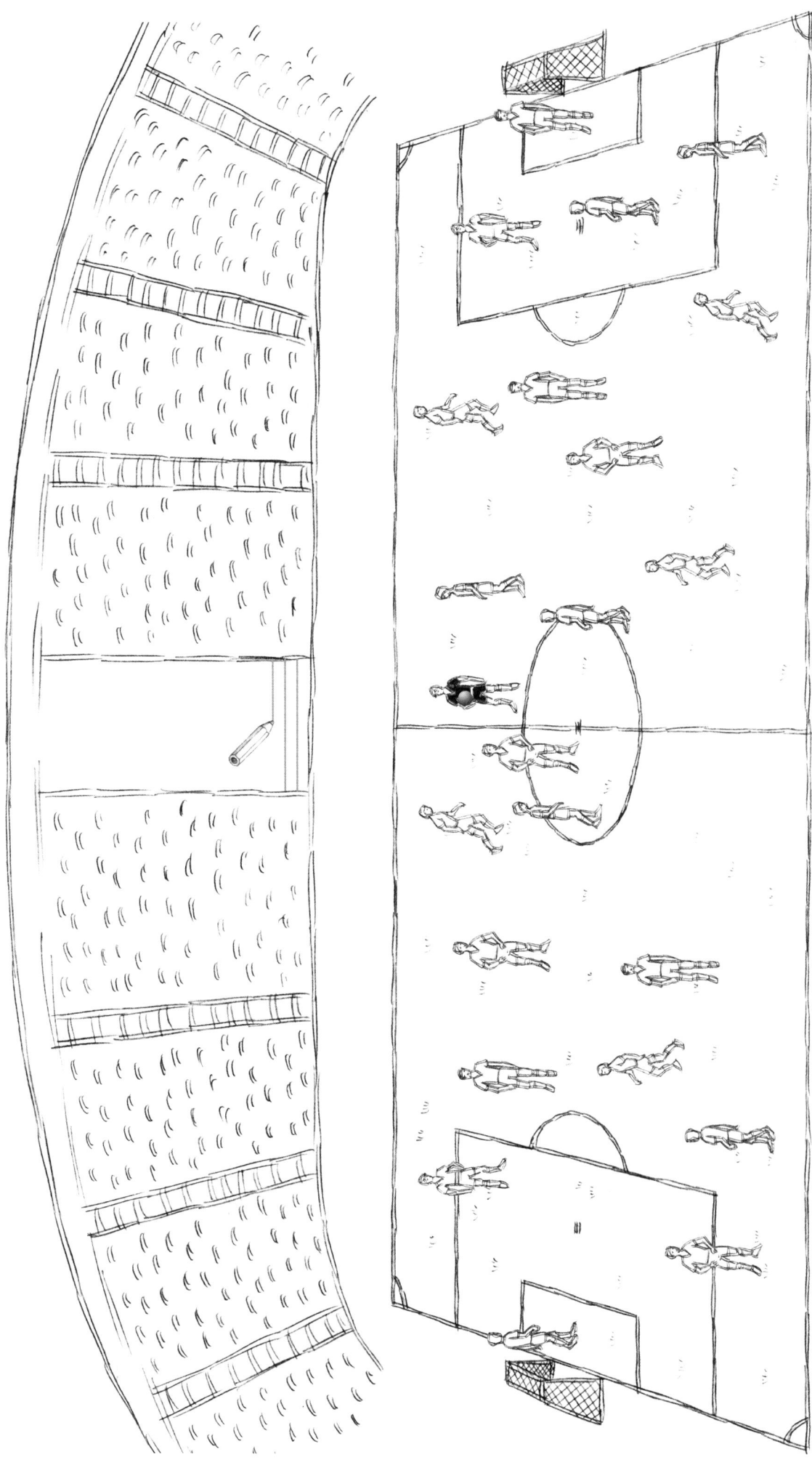

Auf dem Fußballplatz

Bald ist wieder eine Fußballweltmeisterschaft. Im Stadion liegt grüner Rasen.
Jede Mannschaft hat zehn Spieler und einen Torwart. Die eine Mannschaft
trägt blaue und die andere Mannschaft rote Trikots. In jeder Ecke des Spielfeldes
steckt eine rote Fahne. In der Mitte steht der Schiedsrichter mit dem Ball.
Am Himmel sind keine Wolken zu sehen. Die Sonne scheint nicht mehr. Ein großes
Flutlicht beleuchtet das Stadion. Im Stadion gibt es eine lange Treppe. Oben
an der Treppe wehen zwei große Fahnen. Ein Vogel ist auf dem Spielfeld gelandet.

Bunte Sterne

☐ Male den kleinsten Stern rot an!

☐ Male den gestreiften Stern blau und rot an!

☐ Male den dritten Stern von rechts grün an!

☐ Male den größten Stern lila an!

☐ Male dem gepunkteten Stern grüne Punkte!

☐ Male den dritten Stern von links nicht an!

Welche Farben hast du benutzt?

_____

_____

_____

_____

Welches ist dein Sternzeichen?

_____

Der Faden

Kleines Mal-Gedicht von Josef Guggenmos

1 Es war einmal ein Faden,
der lag da wie ein Strich.

2 Der lag da und langweilte sich.
„Was tu ich? Ich ringle mich!"

3 Er ringelte sich zur Spirale.
Und dann mit einem Male
machte er aus sich draus
eine Schnecke mit ihrem Haus.

4 Gleich wurde was Neues gemacht:
Heidewitzka, eine 8!

5 Bald drauf eine Dickedull,
eine kugelrunde Null.

6 Dann noch, mit viel Geschick,
ein Fisch, ein Meisterstück!

7 „Was kann ich jetzt noch sein?",
dachte der Fisch. Da fiel ihm was ein.
„Ich schlängle mich als Schlange –
wenn wer kommt, dann wird ihm bange!"

8 Dass wer kommt –
drauf wartet er schon lange.

Rätselseite

Möcht' wohl wissen, wer das ist,
der immer mit zwei Löffeln frisst.

_____

Er ist kalt und weiß.

_____

Sie ist gelb und sauer.

_____

Es hängt an der Wand und gibt jedem die Hand.

_____

Sie ist klein und grau.

_____

Ich hab' vier Füß' und kann nicht gehen, ich werde
nie müde und muss immer stehen.

_____

Erst weiß wie Schnee, dann grün wie Klee,
dann rot wie Blut und schmeckt allen gut.

_____

Ich bin ein kleines Männchen, hab' einen runden Kopf,
und streicht man mir das Köpfchen, gleich brennt der
ganze Schopf.

_____

Ich gehe alle Tage aus und bleibe doch
in meinem Haus.

_____

Maus

Schnecke

Tisch

Hase

Schnee

Kirschen

Streichholz

Zitrone

Handtuch

**Lerne ein Rätsel
auswendig!**
☐

**Wusstest du, dass
man die Ohren der
Hasen Löffel nennt?**
☐ ja ☐ nein